Ie   25334

LETTRE

DE

M. ALPHONSE DE LAMARTINE

A M. CASIMIR DELAVIGNE.

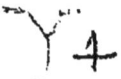

PARIS. — DE L'IMPRIMERIE DE RIGNOUX,
Rue des Francs-Bourgeois-S.-Michel, n°

Lettre

DE

M. ALPHONSE DE LAMARTINE

A M. Casimir Delavigne,

QUI LUI AVAIT ENVOYÉ

SON ÉCOLE DES VIEILLARDS.

Troisième Édition.

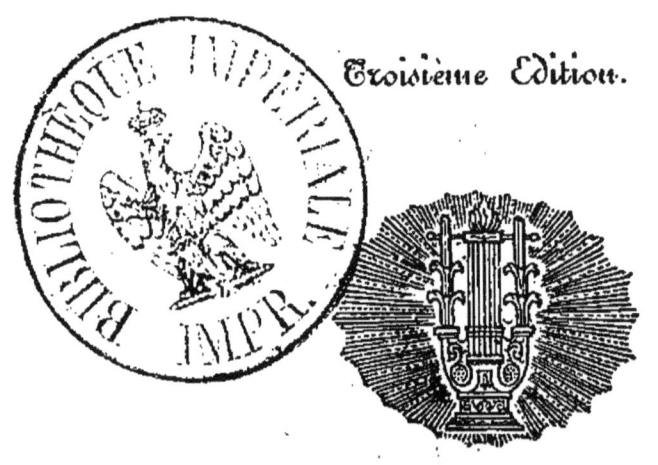

PARIS,

URBAIN CANEL, RUE HAUTEFEUILLE, N° 5.
AUDIN, QUAI DES AUGUSTINS, N° 25.

1824.

LETTRE

DE

M. ALPHONSE DE LAMARTINE

A M. CASIMIR DELAVIGNE.

Saint-Point, près Mâcon, 9 Février 1824.

Grace aux vers enchanteurs que tout Paris répète,

Ton nom a retenti jusque dans ma retraite;

Et le soir, pour charmer les ennuis des hivers,

Autour de mon foyer nous relisons ces vers

Où brille en se jouant ta muse familière,

Qu'eût enviés Térence, et qu'eût signés Molière.

Comment peux-tu passer, par quel don, par quel art,

De Syracuse au Hâvre, et du Gange à Bonnard?

Puis, déployant soudain les ailes de Pindare,

Sur les bords profanés de Sparte et de Mégare,

Aller d'un vers brûlant tout à coup rallumer

Ces feux dont leurs débris semblent encor fumer,

Ces feux de la vertu, de l'honneur, du courage,

Que recouvrent en vain dix siècles d'esclavage?

Comment, redescendu de ce brillant séjour,

Dans les bois de Meudon viens-tu chanter l'amour?

Franchissant d'un seul trait tout l'empire céleste,

Le génie est un aigle, et ton vol nous l'atteste!

Relégué loin des bords où tout Paris charmé

Voit le fier Manlius en bourgeois transformé,

Obéissant aux cris d'un parterre idolâtre,

Livrer ton nom modeste aux bravos du théâtre,

Je n'ai point encor lu ces chants que par ta voix

Messène a soupirés pour la troisième fois.

En vain d'un feuilleton l'écho trompeur et mince,

Oracle suranné qu'on jette à la province,

A porté jusqu'à moi quelques lambeaux de vers,

Quelques sons décousus de tes brillans concerts :

Dans ma soif des beaux vers, que ton nom seul rallume,

J'ai dévoré la page, et j'attends le volume.

On dit que dans ces chants ton génie exalté

Prêche à des convertis l'antique liberté;

On dit qu'après trente ans d'esclavage et de crimes,

Cette divinité respire dans tes rimes

Les parfums épurés d'un chaste et noble encens;
Que son nom dans ta bouche a repris son beau sens,
Et que, de trois pouvoirs lui formant un trophée,
De son bonnet sanglant ta main l'a décoiffée.
Ah! j'en rends grâce à toi! nous pourrons adorer
Celle qu'avant tes vers il nous fallait pleurer;
Son culte entre tes mains est pur et légitime.
Tu renîrois tes dieux, s'ils commandoient le crime.

Pour moi, tremblant encor du nom qu'elle a porté,
J'aborde ses autels avec timidité,
Craignant à chaque instant qu'arraché de sa base,
Le dieu mal affermi ne tombe et nous écrase.
Le siècle où je naquis excuse mes terreurs :
J'entendois au berceau le bruit de ses fureurs.

Son arbre, dont le sang arrosoit les racines,

Portoit, au lieu de fruits, la mort et les rapines.

Pour la première fois quand j'invoquai son nom,

Ce fut sous les verrous d'une indigne prison,

Dans les étroits guichets d'un cachot solitaire.

Elle me disputoit aux baisers de mon père,

Qui, caressant son fils à travers les barreaux,

Payoit d'un reste d'or la pitié des bourreaux.

Je vis, en grandissant, je vis sa main sanglante

Arracher des autels la prière tremblante,

Souiller, jeter aux vents la cendre des tombeaux,

Des temples avilis disperser les lambeaux,

Et, le pied chancelant des suites d'une orgie,

Couvrant ses cheveux plats du bonnet de Phrygie,

Au long cri de la mort, à sa voix renaissant,

Danser sous l'échafaud qui ruisseloit de sang.

Oui, voilà sous quels traits, dans ma sombre pensée,

Par la main du malheur son image est tracée.

Pardonne, ô Liberté! pour effacer ces traits,

Il faut, il faut au moins un siècle de bienfaits.

Hâte ces jours heureux, toi qui chantes sa gloire!

Mêle une page blanche à sa funèbre histoire :

Qu'on la voie en tes vers, vierge de sang humain,

Rejeter ce poignard qui ruisselle en sa main;

Devant un sceptre juste incliner son front libre;

De la force et du droit maintenir l'équilibre;

Nous couvrir d'une main du bouclier des lois,

Et de l'autre affermir la majesté des rois.

Mais c'est assez parler de nos vaines querelles ;

Le temps emportera ce siècle sur ses ailes,

Et laissera tomber dans l'éternelle nuit

De nos dissensions le misérable bruit.

D'autres siècles viendront, chargés d'autres promesses,

Ils tromperont encor nos trompeuses sagesses :

Sur leur cours orageux l'homme encore emporté

Dans ses rêves nouveaux verra la vérité !

C'est la loi des esprits : tout cherche, et tout travaille.

Ce monde, cher Lavigne, est un champ de bataille

Où des ombres d'un jour passent en combattant ;

Pour qui ? pour un fantôme, un système, un néant ;

Et, quand ils sont tout près de saisir leur idole,

C'est un ballon qui crève, et du vent qui s'envole.

Émule harmonieux des cygnes d'Eurotas,

Ne prêtons point la lyre à ces tristes combats.

Laissons d'un siècle vain l'impuissante sagesse

Soulever ces rochers qui retombent sans cesse;

Dans la coupe d'Hébé ne versons point de fiel;

Ne mêlons pas les voix de ces filles du ciel,

Ne mêlons pas les sons des lyres profanées

Aux cris des passions de nos jours déchaînées :

Mais demandons ensemble à la nature, aux dieux,

Ces chants modérateurs, sereins, mélodieux,

Ces chants de la vertu, dont la sainte harmonie

Ressemble quelquefois à la voix du génie,

Qui calment les partis, adoucissent les mœurs,

S'élèvent au-dessus des terrestres clameurs,

Et, sur l'aile du temps traversant tous les âges,

Brillent comme l'iris sur les flancs des nuages.

Mais, adieu; de l'épître osant braver les lois,
Ma muse inattentive élève trop la voix.
D'un ton plus familier, d'une voix plus touchante,
Je voulois te parler, et voilà que je chante.

Ainsi, quand sur les bords du lac qui m'est sacré,
Séduit par la douceur de son flot azuré,
Ouvrant d'un doigt distrait l'anneau qui la captive,
J'abandonne ma barque à l'onde qui dérive,
Je ne veux que raser, dans mon timide cours,
De ses golfes rians les flexibles contours,
Et, sous le vert rideau des saules du bocage,
Glisser, en dérobant quelques fleurs au rivage.

Mais du vent qui s'élève un souffle inaperçu

Badine avec ma voile, et l'enfle à mon insu;

Le flot silencieux sur la liquide plaine

Pousse insensiblement la barque qui m'entraîne;

L'onde fuit, le jour tombe; et, réveillé trop tard,

Je vois le bord lointain fuir devant mon regard.

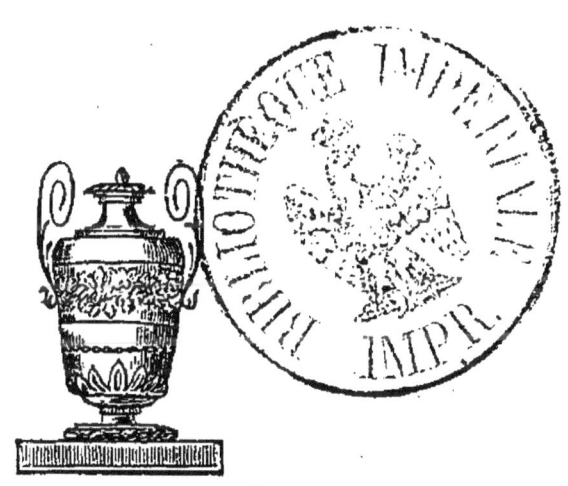

www.ingramcontent.com/pod-product-compliance
Lightning Source LLC
Chambersburg PA
CBHW061611040426
42450CB00010B/2425